AF224698

# SIMPLE

ET

## TOUCHANT SOUVENIR

*De l'année 1871.*

« Ainsi que l'oiseau met sa tête sous son aile
« L'enfant, dans la prière, endort son jeune esprit. »
(V. Hugo, *Feuilles d'Automne.*)

ROUEN. — IMPRIMERIE E. CAGNIARD.

—

1877.

# SIMPLE

ET

# TOUCHANT SOUVENIR

De l'année *1871.*

> « Ainsi que l'oiseau met sa tête sous son aile
> « L'enfant, dans la prière, endort son jeune esprit. »
>
> (V. HUGO, *Feuilles d'Automne.*)

ROUEN. — IMPRIMERIE E. CAGNIARD.

—

1877.

# PRÉFACE.

En écrivant mes *Souvenirs de l'occupation allemande* je n'ai pas fait mention du petit épisode que j'offre aujourd'hui au lecteur.

Ce ne fût assurément ni par oubli, ni par indifférence ; mais pouvais-je confondre, avec les faits navrants de l'occupation, le récit d'un fait simple et touchant qui consacre un de mes plus doux souvenirs ? Je ne l'ai pas pensé.

J'ai donc écrit et fait imprimer séparément ces quelques pages que je me fais un plaisir de dédier *aux petits enfants d'Oissel*.

EDOUARD TURGIS.

# LES ENFANTS DE L'ÉCOLE

*Le 18 Février 1871.*

L E 18 février 1871, lorsqu'en notre qualité d'otage, nous nous rendîmes à la Mairie pour nous mettre à la disposition de l'autorité allemande, nous ressentîmes une de ces impressions qu'on ne saurait définir, mais qui ne s'oublient jamais, parce qu'on n'a peut-être pas l'occasion de les éprouver deux fois dans le cours de son existence.

La place publique avait une physionomie particulière : quelque chose de sinistre et de solennel tout à la fois.

Sur la terrasse qui la domine, se trouvaient réunis les membres du

Conseil municipal et un grand nombre de notables habitants.

Autour de la place même se pressait, impatiente et inquiète, une foule dont l'irritation avait peine à se contenir.

Au centre, 80 soldats allemands, l'arme au pied, attendaient impassibles les ordres de leur chef.

C'était l'escorte des otages.

En portant ses regards vers la droite, on apercevait, devant la porte de l'école et comme dans un coin du tableau, un groupe de petites filles qui paraissaient très-agitées et que deux religieuses, leurs institutrices, s'efforçaient en vain de calmer.

Ce petit groupe, nous l'avouerons, ne fût pas celui qui attira le moins notre attention.

Pour gagner le chemin de Grand-Couronne, où nous devions être

conduit, il nous fallait nécessaire-
ment passer auprès de ces enfants,
nous ne pouvons pas dire, hélas !
enfants au riant visage, car les
pauvres petites paraissaient bien
tristes et bien affligées et leur trouble
se manifestait, chez les unes, par des
sanglots, chez les autres par des cris.

Nous entendîmes les uns et les
autres et il nous eût fallu un cœur
*couvert d'un triple airain* pour y
rester insensible ; nous sentîmes
l'émotion nous gagner : mais ce
n'était ni l'heure, ni le moment de
faiblir ; faisant violence aux senti-
ments que la vue de ces petits êtres
avait excités dans notre cœur, nous
détournâmes les yeux et les cris de
la foule vinrent fort à propos nous
distraire et nous rappeler à la réalité
de la situation.

Nous continuâmes notre route et

le petit groupe, dont nous venons de parler, nous eût bientôt perdu de vue.

L'institutrice fit alors rentrer ses enfants dans l'école et nous vous laissons à penser si, pendant les deux heures de classe qui suivirent, il lui fût bien facile de captiver leur attention.

Quand l'heure de la sortie sonna, le calme était un peu revenu dans les esprits, mais l'impression avait été bien profonde et les petits cœurs étaient encore bien gros.

L'aînée des élèves paraissait toutefois plus rassurée que les autres ; après avoir chuchoté aux oreilles de ses compagnes quelques mots qu'elles parurent accueillir avec un véritable enthousiasme, elle s'avança vers l'institutrice : « Madame, lui dit-elle, « si nous allions à l'Église prier « pour M. le Maire ? »

La religieuse, touchée jusqu'aux larmes d'un désir aussi pieux que naïvement exprimé, s'empressa d'y répondre et fit aussitôt partir son petit troupeau.

Calmes et recueillies, autant qu'elles étaient agitées quelques instants auparavant, ces chères petites se rendirent à l'église et là, devant l'autel de Marie, à genoux sur la pierre, les bras croisés sur la poitrine, elles adressèrent à la Reine des Anges une de ces prières d'enfant qui montent au ciel comme un doux parfum ; puis, le cœur plein de confiance, la sérénité sur le visage, elles retournèrent chez leurs parents et la soirée ne fût pas assez longue pour raconter les émotions de la journée.

Le lendemain, rendu à la liberté par le général allemand, nous revenions à Oissel où nous apprenions ce touchant épisode que nous avons voulu relater à la louange de nos petits enfants.

Qu'on dise maintenant que *Cet âge est sans pitié !*

ROUEN. — IMPRIMERIE E. CAGNIARD.